Jörg Willems – Geldmaschine Digitalkamera

AF285373

Jörg Willems

JÖWI´s Express-Ratgeber

Bibliografische Information der Deutschen Nationalbibliothek:
Die Deutsche Nationalbibliothek verzeichnet diese Publikation in
der Deutschen Nationalbibliografie; detaillierte bibliografische
Daten sind im Internet über http://dnb.d-nb.de abrufbar.

Umschlagabbildung: Sven Meissner (Ararembe)

Herstellung und Verlag:

BoD – Books On Demand, Norderstedt

ISBN: 978-3-7519-4909-5

Rechtliche Hinweise

Inhalt

Vorwort: Digitalkamera als Cash-Maschine

Jeder hat sie – alle nutzen sie – und nur wenige machen damit richtig Geld. Warum eigentlich nicht? Mit der Digitalkamera kann man heutzutage ganz einfach jede Menge Geld nebenbei verdienen. Statt die Bilder ungenutzt im Computer, auf Festplatten oder Speicherchips schlummern zu lassen, finden sich immer mehr Portale, die Bilder in Datenbanken aufnehmen und verkaufen. Manche Fotos sind so gut, dass sie zu Rennern werden und ihre Besitzer richtig reich machen.

Das ist der eine Weg. Es gibt aber noch zwei andere Möglichkeiten, mit digitalen Fotos Geld zu verdienen. Dann machen Sie es doch zum Beispiel so wie mein Bekannter Klaus neulich mit seinem Hobby „Fotografieren". Er weiß, dass sehr viele Menschen sich für Reisethemen interessieren. Daraufhin hat er einfach sämtliche Gegenstände fotografiert, die man häufig auf Reisen benötigt (z.B. Geldautomat, Toilette, Auto, Hafen, Apotheke, Flugzeug etc.). Die Bilder hat er in eine einfache PDF-Datei abgespeichert und daraus ein universelles Foto-Fremdsprachen-Wörterbuch für Urlaubsreisende zusammengestellt. Da die Fotos auf der ganzen Welt verstanden werden – anders als Sprache –, findet sein fotografisches „Fremdsprachen-Wörterbuch" jetzt reißenden Absatz, denn es löst die Sprachprobleme von Touristen auf der ganzen Welt. Ganz schön clever von Klaus, denn er kann sein Foto-Wörterbuch in der ganzen Welt anbieten.

Klaus hat hier das Top-Thema „Reisen" mit seinem Interessengebiet „Fotografie" geschickt verbunden und damit eine Problemlösung geschaffen, die er in der ganzen Welt an Interessenten verkaufen kann.

Sie kennen doch bestimmt auch die schnellen Fotos auf allen möglichen Events: Sie gehen auf eine Party und beim Verlassen stehen da auf mobilen Holzwänden Fotoprints. Sie finden sich plötzlich in bester Partylaune mit Ihrem Partner wieder – echt witzige Motive zum Mitnehmen, sozusagen „Fotos to go".

Wir wollen Ihnen alle drei Möglichkeiten, mit der Digitalkamera Geld zu verdienen, vorstellen. Sie haben mit diesem Buch nun viele Optionen für gute Verdienste und sogar die Auswahl, ob Sie eBooks weltweit verkaufen oder mit Ihren vielen Fotos automatisch regelmäßige Einnahmen haben oder Ihre schnellen Prints auf Partys verkaufen. Mit den Tipps und Tricks schaffen auch Sie es, in kurzer Zeit mit Ihren Fotos gutes Geld zu verdienen und ganz gezielt für verkaufsstarke Themen zu fotografieren. Sie sind auf dem besten Weg, Ihre Digitalkamera zur „Geldmaschine" zu machen.

Wie hat sich die Fotografie verändert?

Wissen Sie noch, wie umständlich und teuer es früher war, gute Fotos zu produzieren? Halten wir es einmal fest – so war **analoge Fotografie** vor nicht einmal allzu langer Zeit:

- Sie brauchten eine gute Spiegelreflexkamera.
- Dazu ein paar Standard-Objektive für ganz nahe und weit entfernte Aufnahmen (Makro/Tele).
- Ein gutes externes Blitzlichtgerät war absolut notwendig, dazu ein Stativ.
- Für ganz gute Bilder brauchten Sie zusätzliches Licht in Form von Spots und Lichtwannen, mit denen man Schatten wegleuchtet. Alles zusammen genommen hat erst einmal sehr viel Geld gekostet.
- Für Aufnahmen von Packungen und Produkten hatte man eine so genannte runde Hohlkehle an einer Seite des Studiobodens. Die wurde später durch eine sehr breite Papierrolle ersetzt. Man konnte so

Objekte freistellen und verhinderte harte Kanten, hatte einen fließenden Verlauf ohne Brüche und Störeffekte.

- Dann mussten Sie Belichtungen gut einstellen, am besten mit einem externen Belichtungsmesser ausgerechnet.
- Dann kam die Filmauswahl: hochempfindlich, normal, niedrig empfindlich, grobkörnig, feinkörnig. Und die Filme waren nicht billig sowie auf maximal 36 Aufnahmen begrenzt.
- Sie mussten möglichst treffende Motive vorher festlegen, um nicht einen ganzen Film durchzujagen.
- Dann kam die Suche nach einem flexiblen Labor, das Ihre Filme schnell entwickelte.
- Sie mussten dann mit einer Lupe vom Negativ Motive auswählen, von denen Sie dann Abzüge anfertigen ließen – alles mit viel Kosten verbunden und ohne Chance der Korrektur der Fotos auf heller oder dunkler, schärfer oder Kontrast, Weißabgleich und so weiter. Und nicht immer trafen Sie dabei die richtige Auswahl. Gleich

von einem ganzen Film Abzüge zu machen war zu teuer. Wollten Sie dann Fotos zum Druck in Broschüren oder Zeitungen verwenden, mussten diese wiederum – mit Qualitätsverlust – eingescannt werden, weshalb für den Druck bestimmte Motive gleich auf Dias fotografiert wurden; denn die konnten drucktechnisch 1:1 verwertet werden. Doch die Auswahl des besten Dias funktionierte nur über einen Projektor oder am Leuchttisch.

Merken Sie, was wir längst alles schon vergessen haben, wie kompliziert und teuer Fotografieren früher war und wie einfach wir es heute haben?

Wie funktioniert Fotografie heute?

Wir fotografieren überwiegend **digital**; es gibt zudem kaum ein Handy, das nicht auch eine Kamera eingebaut hat. Innerhalb kürzester Zeit hat eine unvorstellbare Revolution stattgefunden. Heute fotografieren wir überwiegend auf **Speicherchip**, nicht auf Zelluloid. Es gibt kompakte Digital-Kameras mit integrierter unterschiedlicher Optik: Sie haben eine Brennweiten-Spanne von 35 bis 210 Millimetern, also vom Nah- bis zum Fernbereich. Digitale Spiegelreflex-Kameras können Sie genauso mit Wechsel-Objektiven ausstatten wie früher die analogen. Sie stellen die Automatik aus und belichten individuell von Hand, beleuchten mit integriertem Blitz oder schließen eine externe Lichtquelle an. Wir haben heute **sofort** auf dem Display ein **Ergebnis**: Gefällt uns das Motiv nicht oder weist es Schwächen auf, „schießen" wir sofort an Ort und Stelle nach. Die Digital-Fotografie ist also **schneller** und **preiswerter** geworden; sie bietet jedem Amateur die Chance, beste Ergebnisse zu erzielen; wir könne **Fehler** in Motiven wie leichte Unschärfe oder zu helle/dunkle Bilder mit Hilfe von **Software** am Computer **nachbearbeiten**. Wir haben viel **mehr Kapazität** auf einem Chip als ein Film jemals bieten könnte. Heute dürfen wir sozusagen drauflos fotografieren – es kostet ja nichts mehr. Den „Schrott" löschen wir sofort, die Top-Motive speichern wir wohl geordnet auf unserer Festplatte ab. Wir haben durch Vergrößerung am Computer eine viel **bessere Auswahlmöglichkeit** der besten Fotos. Kameras von heute sind kompakt und so klein, dass sie in jeder Hand- oder Jackentasche bequem transportiert werden können. Wir brauchen keine schweren Umhängetaschen mehr, in denen wir unser ganzes fotografisches Equipment mühsam herumschleppen. Das Fotografieren ist heute so einfach geworden – wir können uns voll auf das beste Motiv konzentrieren.

Sie sehen also: Hier hat eine wahre **Revolution** stattgefunden. Nun werden Sie einwenden: Ich will aber ein Stück buntes Papier in der Hand halten – meine Urlaubserinnerung herumreichen. – Kein Problem. Die moderne Entwicklung hat auch hier eine Lösung gefunden: mobile **Printer**, die direkt von Ihrem Fotoapparat, vom Chip oder USB-Stick Fotos in guter Qualität ausdrucken. Das machen sich zum Beispiel so genannte **Event-Fotografen** zunutze, die auf Bällen, Karnevalspartys oder im Zoo fotografieren und den Gästen beim Verlassen der Location bereits die fertigen Fotos auf Stecktafeln präsentieren und verkaufen. Die digitale Fotografie hat auch die **Berichterstattung revolutioniert.** Stellen Sie sich einmal das Fußball-Europapokal-Finale in London vor, Beginn 20.30 Uhr. Die heimische Redaktion in Berlin will noch am nächsten Morgen aktuell berichten – das geht! Der Fotograf im Stadion schickt das entscheidende Foto vom Tor in der 91. Minute von seiner Digitalkamera übers Handy in die Redaktion – in Sekundenschnelle. Am nächsten Morgen um sechs haben Sie Ihre Zeitung mit dem Siegtreffer, den Sie vielleicht vor der Flimmerkiste gar nicht mehr erlebt haben, im Briefkasten. So geht Digitalfotografie heute. Spinnen Sie das noch etwas weiter: Sie senden Ihren Eltern genauso das Urlaubsfoto von den Enkeln auf Bali über tausende von Kilometern entfernt in Sekunden nach Hause ins Wohnzimmer.

Ausblick: Das Papierbild wird – vorerst – nicht ganz aus unserer Welt verschwinden, aber immer mehr durch digitale Dateien ersetzt. Es wird letztendlich auch eine rein biologische Lösung stattfinden. Denn je mehr Menschen sich quasi „digitalisieren" lassen, indem ältere Generationen, die mit dem Computer nichts am Hut haben, aussterben, wird auch das Print aus unserem Leben verschwinden und auf Liebhaberniveau reduziert – so wie es fast heute schon mit der Schwarz-Weiß-Fotografie der Fall ist. Wo finden Sie noch ein Labor, das sich damit beschäftigt. Da müssen Sie schon ganz eifrig suchen, obwohl die Schwarz-Weiß-Fotografie eine eindrucksvolle Kunst ist. Mit Lichteffekten zu arbeiten, kann wunderbare Motive hervorzaubern. Wer das versteht, ist ein Fotokünstler. Das wiederum schaffen Sie mit digitaler Fotografie so nicht; dazu gehört viel Kenntnis von individueller Lichttechnik.

Sich also einmal vor Augen zu halten, wie digitale Fotografie auch unser Leben verändert hat, zeigt Ihnen, welche finanziellen Möglichkeiten Sie heute mit ihr haben.

So verdienen Sie mit Ihrer Digitalkamera

Sie haben – wie beschrieben – **drei Möglichkeiten**:

1. Präsentieren Sie Ihre digitalen Fotos in **Bücher**, konkret in eBooks, oder fotografieren Sie gezielt für solche Produkte, die Sie im Internet verkaufen.

2. Bieten Sie Ihre Aufnahmen den zahlreichen **Datenbanken** zum direkten Verkauf an.

3. Machen Sie sich mit Ihrer Digitalkamera selbständig und treten als **Gesellschafts- und Hochzeitsfotograf** auf.

Erste Möglichkeit: Foto-Buch

Beschäftigen wir uns zunächst mit dem so genannten **Foto-Buch**.

Wie oben schon beschrieben suchen Sie sich ein Thema aus, zum Beispiel Reisen. Es kann aber auch etwas anderes wie Fremdsprachen lernen, Kochen, Geld verdienen, Internetbusiness oder so ähnlich sein. Wir konzentrieren uns auf das Beispiel **Reisen in Verbindung mit Fremdsprachen**, also konkret:

Was heißt Koffer auf Spanisch oder Italienisch, Bahnhof auf Französisch oder Chinesisch, Hotel auf Japanisch oder Englisch? Sie wollen ja ein Buch in einer bestimmten Sprache herausgeben, das Sie international überall auf der Welt im Internet verkaufen können. Sie kennen doch die zahlreichen Reiseführer, die immer am Ende ein paar Seiten mit den wichtigsten Begriffen in der Sprache des jeweiligen Urlaubslandes enthalten. Und Sie wissen bestimmt noch, wie die Kleinen im Kindergarten ein paar Worte Englisch gelernt haben, nämlich indem ihnen die Betreuerin Bilder oder Gegenstände gezeigt hatte und dazu das passende auf Englisch laut und deutlich sagte. Sie zeigte ihnen einen Apfel und sagte dazu apple oder das Bild eines Hundes und den englischen Begriff „dog" dafür. So einfach geht es auch mit unserem Foto-eBook. Sie werden sich natürlich möglichst lukrative Gebiete auswählen – **Beispiele**:

Verfassen Sie ein **Foto-eBook** auf **Spanisch** zum Thema Urlaub/Reisen, das Sie dann in Südamerika, Spanien, auf den Philippinen und vielleicht noch in Florida/USA oder Kalifornien/USA verkaufen, wo viele Latinos leben. Sie erwischen damit eine kaufkräftige Zielgruppe, die bereitwillig Ihr Produkt erwerben möchte.

Ihre Grundidee ist „Verreisen mit Hund". Verfassen Sie dieses eBook als Foto-Buch und auf Englisch, damit Sie es **weltweit verkaufen** können.

Nun schreiben Sie eine **Liste** von Schlagworten. Darin muss alles enthalten sein, was Sie während Ihres Urlaubs in einem fremden Land mit einer anderen Sprache, die Sie nicht beherrschen, alles passieren könnte. Bleiben wir also beim Beispiel Reisen und Urlaub. Hier einmal eine unvollständige **Sammlung**:

Flughafen, Flugzeug, Abflug, Ankunft, Schalter, Auskunft, Koffer, Beschädigung, Verlust, Pass, Visum, Flugticket, Abflugzeit, Passkontrolle, Zollkontrolle, Sitz, Gang, Fenster, Verspätung, umsteigen, Transit, Flugsteig, Bus, Taxi, Transfer, Koffer, Handgepäck, Hotel, Strand, Schwimmbad, Stadtführung, Frühstück, Abendessen, Restaurant, Speisekarte, Bar, Kaffee, Kuchen, Bier, Wein, Mineralwasser mit Kohlensäure und ohne, Tee, Ausflug, Auto leihen, Autovermietung, Führerschein, Kaution, Reiseleiter, Telefon, Mobilfunkkarte, Internetcafé, Öffnungszeiten, Unterhaltung, Musik, Diskothek, Tanz, Stadtplan, U-Bahn, Bus, Zug, Arzt, Zahnarzt, Unfall, Krankenhaus, Schmerzen, Apotheke, Medikamente, Durchfall, Sonnenbrand, Sonnencreme, Supermarkt, Lebensmittel, Milch, Brot, Sport, Fitnessclub, Ball, Beachvolleyball, Surfschule, reiten, Pferd, Kamel, Hubschrauber, Segelboot, Schiff, Liege, Sonnenschirm, Begrüßung, Guten Tag, Guten Abend, Gute Nacht, danke, bitte, Auf Wiedersehen, Rechnung, Polizei, Zahlen von 1 bis 100, Währung, Geldwechsel, Wechselstube, Bank, Bargeldautomat, Kreditkarte, EC-Karte, Bus-/Zug-Ticket, Badehose, Handtuch, Badetuch, Badeschlappen, Hemd, T-Shirt, Regenschirm, Wetter,

Temperatur, Wetteraussichten, Sturm, Regen, Kinderstuhl, Kinderwagen, Kinderbett, Spielplatz, Spielzeug, Toiletten, Dusche, Bad, Heizung, Warmwasser, Ventiltor, Klimaanlage, Putzfrau, Zimmermädchen, Papierkorb, Abfall, Toilettenpapier, Seife, Shampoo, Duschgel, Puder, Haarspray, Nagellack, Creme, Parfüm, Deo und so weiter.

Jetzt haben Sie eine riesige Liste und eine Menge zu erledigen; denn jetzt sind Sie als **Fotograf** gefragt. Nehmen Sie alle diese Dinge mit Ihrer Digitalkamera auf oder konstruieren Bilder, um einen Begriff deutlich zu machen. Gehen Sie **logisch** vor und ordnen Ihre Dateien, speichern Sie sie der **Reihenfolge** nach ab, wie Sie Ihr Foto-eBook aufbauen wollen. Fotografieren Sie einen Koffer, einen Rucksack, eine Speisekarte, ein Glas Bier, den Strand, die Liege, das Badetuch und so weiter. Achten Sie auf **klare Motive**, die Sie **Bild ausfüllend** in **guter Qualität** anfertigen. Am besten ordnen Sie nun alles chronologisch: Wie läuft ein Urlaub, eine Reise ab? Welcher Schritt folgt auf den nächsten? Jetzt wählen Sie die Bilder aus und bringen Sie in eine schlüssige Reihenfolge. Unterlegen Sie alle Bilder nun mit dem Wort in der Sprache, in der das Buch erscheinen soll, also so etwa:

Das Bild vom Haus in einem Spanisch-Buch lautet dann „casa", oder Auf Wiedersehen – etwa ein Bild von zwei Leuten, die sich per Handschlag oder Wink verabschieden, unterlegen Sie mit dem Wort „adiós" für Auf Wiedersehen oder tschüss. Dem Flughafen ordnen Sie den spanischen Begriff „Aeropuerto" zu und so weiter.

Sie müssen also kein aufwendiges Buch über Verreisen schreiben; das meiste erschließt sich aus den Bildern.

So könnten Sie ein Buch über „Abnehmen" fotografieren – ganz einfach: Nehmen Sie gute Lebensmittel auf, die man ruhig essen darf, und schlechte, die uns dick machen; diese Bilder streichen Sie dann mit einem roten Kreuz durch. Und schon haben Sie einen sehr konkreten Ratgeber zum Abnehmen – auf Englisch, Spanisch oder Französisch. Dazu könnten allgemeine Verhaltensregeln oder -änderungen kommen wie mehr Sport zu treiben, sich zu bewegen und viel Wasser zu trinken – alles durch gute Fotos dargestellt.

Oder bebildern Sie das Thema „Rauchen aufgeben"
mit englischen Untertiteln. Da müssen Sie sich viel
einfallen lassen, etwa eine Packung Zigaretten rot
durchstreichen, aber auch eine einzelne Zigarette. Im
Mittelpunkt eines solchen Buches sollten alle möglichen Arten von Beschäftigung fotografisch dargestellt
werden, um vom Rauchen abzulenken. Auch hier sind
wieder gesunde Ernährung und Bewegung zu fotografieren.

Wenn das **Buch** fertig ist, müssen Sie es **verkaufen**;
dazu sollten Sie es **clever vermarkten** und alle Möglichkeiten des Internets nutzen. Da gibt es Blogs und
Foren zum Thema, in denen Sie mitdiskutieren und
einen Link zur Produktseite erwähnen. Nutzen Sie
kostenlose Presseportale, in denen Sie Artikel über
Ihr neues Produkt eingeben. Entwickeln Sie **App´s
und QR-Codes** für Smartphones, die immer stärker
im Kommen sind. Verlinken Sie sich mit anderen er-
folgreichen Seiten, bieten Sie **Partnerprogramme**
(Affiliates) an. Schaffen Sie klassische **Win-Win**-Situ-
ationen: Wenn ich gewinne, gewinnst Du auch! Nutzen Sie die bekannten eBook- und Auktionsportale im
Internet mit ihren riesigen Adress-Datenbanken. Ge-

hen Sie auf Werbetour in **sozialen Netzwerken**. Erwähnen Sie überall Ihr neues Buch. Vielleicht gelingt Ihnen ja der große Wurf mit einem **witzigen Video**. Ideal wäre, wenn sich Buch viral übers Netz verbreitet, also wie ein Virus von der Community weitergereicht wird. Seien Sie kreativ und spielen Sie auf der ganzen Klaviatur. Richten Sie eine **eigene Webseite** speziell für dieses Buch ein.

Schreiben Sie regelmäßig mehrmals einen bestimmten Emailverteiler an, der sich genau für Ihr Produkt interessiert. Dazu haben Sie zuvor **Emaillisten** erarbeitet. Denn jetzt kommt es darauf an, möglichst passgenau die Leute zu „bearbeiten", die sich schon einmal für ähnliche Produkte interessiert haben und sich aus diesem Grund in eine Ihrer Listen eingetragen und Ihren Newsletter angefordert haben. Vielleicht haben Sie diesen Interessenten zuvor auch schon mal ein Geschenk gemacht, weshalb Sie nun schon ein gutes „Standing" bei Ihnen haben. Mit den klassischen Mitteln des Marketings bewerben Sie nun Ihr neues Produkt, bieten es als digitale Datei (PDF in der Regel) an.

Mit einem ganz speziellen **Sonderangebot** erhöhen Sie die Schlagzahl Ihrer Werbung, denn das Produkt bieten Sie zum Einführungspreis für die Hälfte an – und Sie machen es **knapp**, denn nur zehn dieser Sonderangebote stehen nur noch zur Verfügung. Sie **optimieren** Ihre Werbeseite im Netz **für Suchmaschinen** und lassen das Produkt so ganz oben erscheinen, wenn Interessenten nach einem spanischen Reiseführer suchen, also nach spanischen Begriffen, die ihnen beim Urlaub nützlich sein könnten – also eine so genannte „to do"-Liste, die absolut notwendig ist, um einen Urlaub in einem Spanisch sprechenden Land gut zu überstehen – und das alles nur mit genial simplen Fotos.

Jetzt haben Sie auch noch ein **Online-Bezahlsystem** eingerichtet, das Ihren **Verkauf automatisiert**. Ein Autopilot übernimmt die Antwort an den Kunden, registriert den Zahlungseingang und liefert die PDF-Datei aus. Sie haben keine Lagerkosten, keinen umständlichen Versand, keine anstrengenden Kunden – ja und ein **passives Einkommen**, das immer wieder reinkommt mit einem einmal produzierten Foto-e-Book, von dem Sie so viele digitale Kopien machen können, wie Sie wollen. Ist das nicht genial? Und noch eins: Sie verkaufen das neue Produkt von jedem Platz der Welt. Was Sie brauchen? Einen Laptop und einen Internetanschluss! Na ja, und hin und wieder einen erfreulichen Blick auf Ihren Kontostand. So weit, so gut die Idee mit dem Foto-Buch.

Wer könnte Ihre Fotos noch brauchen?

Zweite Möglichkeit: Bilder an Agenturen verkaufen

Nun aber eine ganz andere und noch **viel lukrativere Idee** mit allen Ihren digitalen Fotos. Es gibt nämlich zahlreiche **Bilddatenbanken**, die gute Fotos ständig aufnehmen - weltweit! Sie glauben gar nicht, wie viele **Werbeagenturen, Firmen, Film- und Videoproduzenten** sowie auch **Privatleute** alle möglichen Aufnahmen brauchen: von der Frittenbude über Pralinenschachtel bis hin zu Gebäuden und auch immer wieder Menschen in allen Lebenslagen, aber auch und vor allem aktuelle Ereignisse, Unfälle, Naturkatastrophen und so weiter.

Und alle stöbern in den **Datenbanken der Bildagenturen**, die immer jede Menge **neue Fotos** gut **brauchen** können. Da wird nach einem freigestellten Apfel, einer Banane, einer Zahnbürste, einem Kamm oder nach verschiedenen Brötchen gesucht, nach Menschen beim Essen oder Sportler in der Kabine, auf dem Platz. Manchmal sind es ganz banale Dinge wie Wolken, Meereswellen, Himmel, Bäume für Hintergründe von Werbekampagnen, Poster oder CD-Cover. Warum? Gerade Werbeagenturen gehen **auf**

Nummer sicher und nehmen nicht schnell etwas aus dem Internet. Denn daran haben sich schon viele Leute die **Finger verbrannt**. Plötzlich bekommen sie **Abmahnungen**, weil Sie nämlich ein nicht **lizenzfreies Bild** irgendwo aus dem Netz verwendet haben. Es gab mal einen cleveren Abzocker, der darauf spezialisiert war, solche Veröffentlichungen teuer abzumahnen; und der Mann bekommt immer Recht, weil es eine Urheberrechtsverletzung ist, ungefragt fremde Bilder zu verwenden. Er war so clever, riesige Datenbanken von banalen Dingen verlockend im Internet sehr gut zu positionieren, dass suchende Grafiker sofort über seine Bilder stolperten. Wenn man dann denkt, so etwas Banales wie ein Apfel dürfe doch frei verwendet werden können, weil es allgemein verfügbar ist, hat er sich fürchterlich geschnitten. Denn dann kommt die dicke **Rechnung**. Deshalb gehen professionelle Verwender von Bildmaterial, auch wenn es noch so banal ist, gleich den sicheren Weg über ein lizenzfreies Bild, das sie für wenig Geld bei einer Agentur erwerben. Man erspart sich viel Ärger.

Deshalb ist auch ein Tipp: **Fotografieren Sie banale Dinge**, Schachteln, Packungen, Gegenstände des täglichen Bedarfs, Straßen, Autos, Tiere, Häuser und so weiter alles einmal komplett ab. Machen Sie ganze Serien; wenn Sie im Café sind, sollten Sie rundherum drauflos fotografieren – diskret! Nutzen Sie jede Situation aus, disziplinieren Sie sich, wenigstens den kleinen kompakten Apparat immer dabei zu haben, denn mit Ihrem Foto-Handy reicht die Qualität nicht aus. Ok, wenn es von dem schrecklichen Unfall vor Ihrer Nase passiert, sendet das Fernsehen auch Ihre wackeligen Bilder vom Knall, mit dem Mobiltelefon aufgenommen. Das ist eine Ausnahmesituation, wenn anderes Material von einem wichtigen Ereignis einfach nicht da ist.

Apropos **Unfall**: An dieser Stelle wird ein **Sonderfall der Honorierung** angesprochen. Wenn Sie aktuelle Pressebilder an Zeitungen, Anzeigenblätter oder Magazine und Boulevardzeitungen abgeben, muss sofort die Honorarhöhe geklärt sein: je spektakulärer das Bild/Ereignis, umso teurer; und wenn Sie es nur einer Zeitung exklusiv geben zur alleinigen Nutzung, dann bekommen Sie meist ein doppeltes Honorar, manchmal sogar mehr. Das muss man wissen. Und wenn die Zeitung vergisst, Ihre Urheberschaft in der Bildunterschrift zu erwähnen, muss sie noch einmal das Honorar erhöhen. Sie schicken Ihre digitalen Dateien mit einem Begleittext an die Presse; darauf steht dann neben der Bildbeschreibung und den Namen auf dem Foto auch Ihre Kontonummer.

Für **jedes** verwendete **Bild** bekommen Sie **Geld**. Manch ein Foto hat seinen Besitzer für ein Leben lang reich gemacht. Zugegeben, das ist die Ausnahme. Aber mit vielen **guten Fotos** haben Sie **regelmäßige automatische Einnahmen** wie mit einem eBook – und das gleich an mehreren Fronten sozusagen. Verkaufen Sie nur ein eBook, haben Sie einmal Verdienstmöglichkeiten; verkaufen Sie aber zehn oder zwanzig unterschiedliche elektronische Bücher, vervielfachen sich Ihre Einnahme-Chancen auch. Und ebenso geschieht das bei Bildern so.

Einen bestimmten Prozentsatz bekommt die Agentur, die Ihnen die gesamte Infrastruktur zur Verfügung stellt: Also Werbung, Bezahlsystem, Vertrieb, Kontrolle, Abwicklung ja und letztlich auch ihren guten Namen. Doch so weit sind wir noch nicht. Bis Sie bei einem großen Internetportal Ihre Fotos wiederfinden, müssen Sie ein **paar Dinge beachten**:

1. Sollten Sie bestimmte **Qualitätsstandards** einhalten.

2. Sollten Sie wissen, welche großen **Bildagenturen** es gibt, die eventuell Ihre Fotos aufnehmen.

3. Sollten Sie wissen, **wie** Sie sich dort **anmelden**.

4. Sollten Sie wissen, welche **Bildthemen** „in" sind, also eher verkauft werden als Ladenhüter. Danach sollten Sie auch fotografieren.

5. Sollten Sie danach **gezielt** auf **Motivsuche** gehen.

Diese Qualitätsstandards sollten sein

Bildqualität

Genügend Aufmerksamkeit erfahren Ihre Bilder von **bester technischer Qualität**. Alle Fotos müssen **richtig belichtet, gestochen scharf** und **frei von Verzerrungen** und anderen Fehlern sein. Eine gewisse Bewegungsunschärfe, bei Sportfotos zum Beispiel, wird nur selten toleriert. Rasende Autos gehen nur dann, wenn das Objekt scharf ist, die Umgebung durch Unschärfe aber die rasende Geschwindigkeit ausdrückt. Lieber klar definierte Motive. Fotos mit einem **natürlichen Kontrast** und **leuchtenden Farben** lassen sich besser verkaufen und eignen sich auch besser für den Druck.

Schauen Sie mal auf Kampagnen von Werbeagenturen: Gerne nehmen die saftige Orangen, satte Blau-Geld-Kombinationen, Gelb-Rot-Kontraste, Blau-Rot-Motive. Dazu genügt ein Blick in die **Fernsehwerbung**. Man will ja Aufmerksamkeit erreichen. Achten Sie also beim Aufnehmen immer auf satte Farben und Kontraste, Trick: Positionieren Sie einen Gruppe oder Person vor einem leuchtend-farbigen Hintergrund, etwa einer Hauswand oder einem Plakat. Gelegentlich lässt man kleine technische Unregelmäßigkeiten bei einem sonst einwandfreien Bild durchgehen; häufen sich die Mängel, laufen Sie Gefahr, dass Ihre Fotos abgelehnt werden. Fortgeschrittene wissen, dass man am besten Fotos im so genannten **RAW-Format** schießt und sie dann anschließend in ein JPEG-Format umwandelt, bevor Sie sie einreichen. „Raw" ist Englisch und heißt „**roh**". Sie nehmen ein Bild im **Roh-Format**, und das ist dann auch entsprechend **groß**: 10 Megapixel und dann auf dem Chip eben auch **10 Megabyte**. Das ist der **Nachteil** – Speicherung und Archiv; Sie brauchen Wahnsinns-Kapazitäten. Aber ansonsten lässt sich ein RAW-Bild komplett nachbearbeiten – also alle Dinge, die früher bei der Auswahl des Films und später im Labor bei der Entwicklung und den Papierabzügen nachgebessert wurden. RAW bietet also wesentlich **mehr Spielraum für Korrekturen** und Kreativität. Besonders deutlich wird das, wenn Sie schon einmal im Schnee oder am Sandstrand fotografiert und eben nicht das entsprechende Motivprogramm an Ihrer Kamera eingestellt haben. Die Bilder wurden flau und unansehnlich. Sie sind auch als digitale Bilder am Computer kaum noch zu retten, außer Sie existieren im RAW-Format. Sie sollten also wissen (und das reicht dann auch), dass auf voreingestelltes JPEG-Format gespeicherte Aufnahmen keineswegs das Licht enthalten, was auf den Sensor gelangte; da ist mehr drin – und das bietet nur RAW!

Dateigrößen

Je größer, desto besser. Jede Bilddatei sollte eine Mindestgröße von **1.200 mal 1.600 Pixel/zwei Megapixel** und eine ungefähre Dateigröße von **6 MB** haben. In der Regel ist das die zulässige Mindestgröße für Fotos, die übers Internet verkauft werden sollen. Manche Fotogalerien stellen höhere Anforderungen. Bilder, die Sie für den Hausgebrauch machen – 640 mal 480 Pixel, können Sie normalerweise nicht zum Verkauf anbieten. Viele Webseiten bevorzugen Fotos mit 2.500 oder 4.000 Pixel zum Drucken mit **300 dpi** („dots per inch"- Maßeinheit für die Auflösung im Druck, was Sie unter „Eigenschaften" beim Ausdruck verstellen können – bis zu 1.200 dpi und mehr). Allerdings variieren die Anforderungen von Galerie zu Galerie. Prüfen Sie das also vorher, welche Dateigrößen nötig sind.

Dateiformate

Die meisten Foto-Agenturen akzeptieren **RGB (rot-grün-blau)-JPEG-Dateien**. Die meisten Digitalkameras verwenden ohnehin automatisch diese Formate, weshalb Sie sich mit anderen nicht allzu sehr aufhalten sollten und auch an Ihrer Kamera nicht zu sehr spielen sollten. Viele Webseiten akzeptieren **keine TIFF-, PNG-, PSD-** und andere Dateien wie **CMYK-**Bilder. Idealerweise sollten Ihre Bilddateien **8 Bit große RGB-JPEG-Dateien** und nur **wenig komprimiert** sein. Unter Umständen müssen Sie die Fotos **einzeln versenden**, weil Postfächer überladen sind oder Emails nur ein bestimmtes Dateivolumen im Anhang schaffen.

Fotos bearbeiten

Zuallererst: **Jedes** erneute **Abspeichern** eines Fotos kann zu **Qualitätsverlusten** führen. Überlegen Sie sich also genau, ob und wie Sie Ihre Bilder bearbeiten wollen. Es kann Sinn machen, mit guter, gängiger Software wie **Photoshop** Aufnahmen nachzubearbeiten, etwa einen anderen Ausschnitt zu wählen, um auf ein Objekt zu fokussieren, Objekte **freizustellen**, mit einem anderen Hintergrund zu versehen,

Schmutzpartikel auszuradieren oder die **Bildschärfe**, den **Kontrast** zu optimieren. Fangen Sie bitte gar nicht erst an, ein Bild komplett zu bearbeiten. Das überlassen Sie bitte dem erfahrenen Grafiker, der es später verwendet. Natürlich können Sie **Farben** zurücknehmen oder verstärken, wenn Bilder zu blass erscheinen; sie dürfen **Handelsmarken** heraus **retuschieren**. Für das bestmögliche Bild ist es ok. Behalten Sie sich eine Kopie des Originals immer in der Hinterhand.

Es gibt Agenturen, die **keine gesampelten** (vergrößerten) Aufnahmen akzeptieren, also eine Vergrößerung des Formats/dpi, um das Bild größer zu machen als die ursprüngliche Aufnahme. Wenn Sie das wissen, dass Sie mit solchen Agenturen zusammenarbeiten, fertigen Sie von **vornherein** Fotos von **bester Qualität** und in der verlangten Größe an – und informieren Sie sich genau über das, was das Archiv wünscht. Noch ein paar **Tipps**: Interpolieren oder vergrößern Sie Ihre Aufnahmen möglichst nicht; regulieren Sie die Schärfe nur wenig bis gar nicht.

Diese Bildagenturen nehmen Ihre Fotos

ACE – www.acestock.com ist für erfahrene Fotografen geeignet; Sie müssen sich bewerben und Muster Ihrer Fotos einreichen. ACE entscheidet dann, ob Sie aufgenommen werden. Wer ist mit dabei ist, gehört zu den gefragtesten und bekanntesten in der Werbe-, Design- und Verkaufsförderungsbranche.

Alamy – www.alamy.com ist für Profi-Fotografen und erfahrene Amateur-Fotografen geeignet. Aktuell sind 15.000 Fotografen mit über 30 Millionen Bildern registriert. Sie sollten schon ein sehr guter Amateur sein. Alamy zahlt hohe Provisionen. So ziemlich alle Fotomotive, die man sich vorstellen kann, sind in deren Archiv. Sie müssen für den Start vier Bilder einreichen; sie werden einem Qualitätstest unterzogen. Alle vier müssen ihn bestehen.

BigStockFoto – www.bigstockphoto.com ist sehr gut für Anfänger und Amateure geeignet und ein sehr gutes Portal für den Start. Das amerikanische Unternehmen hat eines der größten Online-Bildarchive – spezialisiert auf lizenzfreie Fotos, über drei Millionen im Archiv und tausende von Käufern, zu denen auch

Verlage und Web-Designer gehören. Dieses Bildarchiv akzeptiert fast alle Motive. Personenfotos sind sehr beliebt. Hier können Sie Geld mit Menschen machen, Ihrer Freundin, Ihrem Freund, der Familie, Freunden und Bekannten. Involvieren Sie alle in Ihre Fotografie, sichern Sie sich per Vertrag für eine Veröffentlichung ab. Lassen Sie sich also von Ihren „Modellen" schriftlich geben, dass Sie die Fotos auch verwenden dürfen. Beliebt sind bei dieser Agentur auch Geschäftsfotos und solche, die Ungleichheiten und Vielfältigkeit ausdrücken: Alter, schwarz, weiß, asiatisch, indisch, lateinamerikanisch, dazu Fotos von Essen, Sport, Spa-Bädern, Massagen, Fitness und Familienfotos.

Can Stock Photo – www.canstockphoto.de ist für alle Fotografen geeignet, hat 8.000 Fotografen unter Vertrag und einen Fundus von sieben Millionen Bildern. Hier gibt es eines der schnellsten Zulassungsverfahren überhaupt. Nutzen Sie dort den „dynamischen Uploader", können Sie die Dateien direkt von Ihrem Computer auf den Server des Bildarchivs ziehen. Die Vergütung kommt per PayPal™ oder Scheck.

Corbis – www.corbisimages.com ist etwas Feines für Profi-Fotografen.

Crestock – www.crestock.com spricht wiederum alle Fotografen an, setzt aber auf höchste Bildqualität; das norwegische Bildarchiv möchte eine große Rolle in der Stock-Fotografie (lizenzfreie Bilder) spielen. Zur Philosophie gehört es auch, dem Käufer ein exzellentes Einkaufserlebnis zu verschaffen, eine starke Gemeinschaft über Foren und Mitgliedschaft zu erreichen. Alle guten Fotos sind interessant, Präferenz: Fotos mit Personen, Menschen aller Größe, Gewichte, Farben, aktiv bei der Arbeit, zu Hause, spielend, sich ausruhend. Keine Fotos mehr von Sonnenaufgängen, Meerblicken, Blumen, Vögeln, Insekten, Katzen und Hunden.

Dreamstime – www.dreamstime.com ist ebenfalls für alle Fotografen geeignet. Um diesem Archiv Bilder anbieten zu können, müssen Sie zuerst ein Konto anlegen und Musterbilder einsenden, die zugelassen werden müssen. Hier gibt´s unterschiedliche Provisionssätze je nach Anzahl der Downloads.

Verkaufen sich Aufnahmen besser, werden teurer für den Käufer. Für bestimmte Situationen erhält der Lieferant sogar Boni.

Flickr – www.flickr.com wendet sich auch an alle Fotografen; es ist eine Online-Bilddatenbank, kein echtes Bildarchiv. Deshalb verkauft Flickr verkauft deshalb nicht so wie Bildarchive. Sie können hier Ihre Fotos ausstellen und Käufer einladen, Sie zu kontaktieren, um dann das Recht zu erwerben, Ihre Bilder zu nutzen.

Fotolia – www.fotolia.com ist für alle Fotografen geeignet. Die einfach zu nutzende Webseite betreibt für unterschiedliche Länder separate Seiten. Das bedeutet für Sie einen riesigen Markt. Rund 17 Millionen Bilder, Videos Vektoren/Grafiken. Fotolia wirbt mit dem Slogan „Bilder für alle". Bis zu 80 Prozent Provision gibt es hier, im Schnitt 52 Prozent. Jeder kann es ohne Zugangsbeschränkung nutzen. Dieses Archiv bietet auch so genannte Bild-Abos zum Kauf an. Ein nützliches Bestellsystem mit Meldungen/Nachrichten darüber, welche Fotos von Käufern gesucht werden, zeigt einem, was man am besten liefert – ähnlich wie Google™ die Interessen seiner User festhält. Alle denkbaren Motive sind im Portfolio, Schwerpunkt auf: Landschaften, Architektur, Personen, Flora und Fauna, Gegenstände, Transport, Essen und Trinken, Sport und Freizeit, Hintergründe, Abstraktes, Geschäftliches, Technik, Gefühle, Konzepte, menschliche Züge, Lifestyle, Wohlfahrt, Reisen, Wissenschaft und Natur, soziale Anlässe.

Fotosearch – www.fotosearch.co.uk ist eher für erfahrene Fotografen geeignet. Neben Fotos sind hier auch Karten, Videos und Audios im Angebot. Hier sind Fotos unterschiedlicher Stockfotografie-Agenturen vereinigt; so erleichtert das Unternehmen den Käufern, in einer Quelle schnell alles zu finden. Die Produkte auf Fotosearch können auch lizensiert werden.

Free Digital Photos – www.freedigitalphotos.net ist für alle Fotografen geeignet. Hier finden Sie eine Abwandlung der Grundidee der Online-Bildarchive. Auf deren Webseite können Sie Ihre Digitalfotos anbieten – aber zum kostenlosen Download für Webseiten.

Möchte ein Interessent Ihr Foto für Printprodukte nutzen, muss er zahlen. Sie können dabei selbst den Preis festsetzen.

Getty Images – www.gettyimages.com ist eine der renommiertesten Bildagenturen weltweit überhaupt. Das bedeutet, dass Getty nur für sehr erfahrene und Profi-Fotografen bestimmt ist. Es ist das weltweit größte Bildarchiv. Getty versorgt nationale Zeitungen und Werbeagenturen auf der ganzen Welt. Wie bei Corbis kann man auch nicht einfach seine Fotos hochladen. Getty ist für Profis gemacht. Schauen Sie hier hinein, um zu wissen, wie gute Fotos gemacht werden und welche Motive gefragt sind. Holen Sie sich hier vor allem Anregungen.

Image Source Direct – www.imagesourche.com kommt für erfahrene Fotografen in Betracht. Nach eigenen Angaben das weltweit größte unabhängige Unternehmen für kreative und werbliche lizenzfreie Stockfotografie. Es versorgt kreative Fotografen mit individuellen Bildern und Themen-CDs. Zentrale des weltweit operierenden Unternehmens mit 250 Partnern ist London. Der Vertrieb spricht Englisch, Französisch, Deutsch und Portugiesisch.

Image Source akzeptiert Fotos von Fotografen, die neue Ideen in die Sammlung bringen. Inmagine – www.inmagine.com wiederum ist auch nur für erfahrene Fotografen geeignet. 20 Millionen Stockfotos aus 80 bestverkäuflichen Sammlungen ist der Kern. Inmagine operiert in acht Sprachen und hat Niederlassungen in den USA, Australien, Großbritannien und Asien. Das Bildarchiv beliefert hauptsächlich Werbe- und Grafik-Design-Agenturen. Weltweit werden Fotografen mit Unternehmergeist gesucht, die daran interessiert sind, ihre erstklassigen Bilder in dem Foto-Archiv anzubieten. Sie müssen deshalb wissen, welche aktuellen Trends in der Stockfotografie angesagt sind, und Sie müssen für den Start mindestens 100 Fotos zum Verkauf anbieten. Die Bildrechte müssen in Ihrem Besitz sein, und alle erforderlichen Unterlagen wie Freigabe-Vertrag und Einverständnis der Personen auf Ihren Fotos sind zwingend erforderlich.

iStockphoto – www.istockphoto.com ist sehr gut für Anfänger geeignet und für Amateurfotografen, also als Start in die bezahlte Fotografie. Das von Kanada aus weltweit agierende Unternehmen arbeitet ähnlich wie BigStockPhoto und verkauft nur lizenzfreie Bilder. Als „die weltbeste von Mitgliedern geschaffene Sammlung von lizenzfreien Bildern zum besten Preis" bezeichnet iStockphoto sich selbst. Zehn Millionen Bilder, Vektorzeichnungen, Audios und Videos bezeichnet die Firma ihr eigen; mehrere tausend kommen wöchentlich hinzu. Die wohl günstigsten Fotos auf dem Markt finden Käufer in diesem Bildarchiv. Das Fotoarchiv ist einfach zu handhaben und für Anfänger als Einstieg sehr gut geeignet. Alle Bereiche sind zu finden. Dazu gibt es eine Seite, die die beliebtesten Dateien nennt. Dort können Sie sich nach den meistverkauften Bildern der letzten Wochen und Monate erkundigen. Die Seite hat auch ein Forum; hier dürfen Sie Ideen und Ratschläge mit anderen Mitgliedern weltweit austauschen auch ein ganz guter Vorteil für den Anfang.

ShutterPoint – www.shutterpoint.com richtet sich an alle Fotografen. Sie können selbst den Preis Ihrer Bilder bestimmen und sind nicht wie sonst üblich einer Preisliste unterworfen. So können Sie mehr für sehr gute Fotos verlangen und andere Bildarchive bei durchschnittlichen Aufnahmen preislich unterbieten.

5.000 Fotografen sind hier registriert, 2.500 neue Fotos pro Woche frischen das Archiv auf. Bedient werden zwar alle Themen, aber Schwerpunkte sind Tiere, Botanik, Beruf, feine Kunst, Konzerte, Landschaften, Natur, Gesundheit und Fitness, Ozeane, Menschen und Lifestyle, Sport, Stillleben, Technik und Leben in der Stadt.

Shutter Sock – www.shutterstock.com wendet sich auch an alle Fotografen. Dieses Archiv arbeitet etwas anders als die meisten: Käufern bieten sie ein monatliches Abonnement an, statt einzelne Bilder zu berechnen. Die Käufer würden so mehr Aufnahmen herunterladen, als sie es auf Basis von Einzelpreisen täten. Pro Foto verdient man dann natürlich weniger, hat aber die Chance, mehr zu verkaufen. So machen Sie den Verlust wieder wett, sagt das Unternehmen. Das funktioniert nur dann, wenn Sie eine große Anzahl guter und abwechslungsreicher Bilder anzubieten haben. Alle Themen sind vorhanden bei den Millionen Fotos, Videos und Grafiken, 70.000 neue kommen pro Woche hinzu. Fotografen können das Bildarchiv sehr leicht verwalten, dazu kommt ein Forum für den Austausch untereinander. Dort können Sie Käufer und andere Fotografen empfehlen. Auf die dadurch erzielten Verkäufe bekommen Sie dann eine Provision – also eine Art Partnerprogramm.

Stockexpert – www.stockexpert.com ist auch etwas für alle Fotografen. Die Agentur nennt sich eine lizenzfreie Stockfoto-Gemeinschaft. Sie versorgt Käufer mit bezahlbaren Stockfotos und ist für Fotografen und Kreative eine ausgezeichnete Plattform. Über drei Millionen Bilder in 150 verschiedenen Kategorien sind im Angebot. Jede Woche kommen tausende neue Fotos hinzu. Stockexpert zahlt höhere Provisionen als andere im Durchschnitt – 50 Prozent nach jedem Download Ihrer Fotos. Ihre Umsätze können Sie jederzeit in einer aktuellen Statistik verfolgen; Ihre Bilder verwalten Sie mit einer sehr guten, einfach zu handhabenden Oberfläche.

123RF – www.123rf.com spricht alle Fotografen an. Zum Start müssen Sie zehn Fotos mindestens anbieten. Hier können Sie auch mit Empfehlungen (Affiliates) Geld verdienen: wenn Sie Fotografen und Käufer empfehlen.

Generell gilt der **Tipp**, Ihre Fotos immer **mehreren Bilddatenbanken** anzubieten beziehungsweise bei mehreren Firmen hochzuladen und zum Verkauf anzubieten. **Ausnahmen**: Ein Bildarchiv weist in seinen Allgemeinen Geschäftsbedingungen auf **Exklusivität** hin. Meistens behalten Sie die Verwertungsrechte an Ihren eigenen Aufnahmen. Das wiederum bedeutet, dass Sie unbefristet damit Geld verdienen können.

Noch etwas ist **wichtig** zu wissen: Profifotografen oder Bildagenturen definieren immer die **Art der Verwendung**. Die entscheidet den **Preis** für jedes einzelne Bild. Beispiel: Kaufen Sie ein Bild für eine Werbekampagne einer bekannten Marke, zahlen Sie einen viel höheren Preis, als wenn Sie das Bild für Ihre private Homepage, eine Vereinszeitung oder in der Tagespresse verwenden würden. Hier unterscheidet man zwischen werblicher und journalistischer Nutzung.

Dann kommt es auf die Auflage an: Ein Foto in einer großen deutschen Boulevard-Zeitung kostet mehr als in der Schülerzeitung – logisch oder? Bekommen Sie eine **Bildkopie oder ein Original**? Erwerben Sie ein Bild komplett inklusive der **Rechte** an dem Foto zur exklusiven Nutzung? Große Zeitungen zahlen für eine exklusive Aufnahme mehr als für ein Zweit- oder Dritt-Verwertungsrecht, also wenn ein und dasselbe Bild gleich in mehreren Zeitungen erscheint, ist es für das einzelne Objekt weniger wert; Sie machen dann ja auch gleich drei- oder viermal Umsatz mit einem Foto. Wie oben schon angedeutet gehören **zu jedem Bild „Papiere"**, also **Einverständniserklärungen** der ab-gebildeten Personen, der **Eigentümer** von Häusern, es sei denn, sie sind von einem öffentlichen Platz aus aufgenommen. Und heutzutage sollten Sie zu jedem Bild **Keywords** liefern, unter denen Nutzer, die nach solchen Motiven suchen, sie auch finden. Jedes Bild braucht zudem einen **intelligenten Speichernamen** wie „MannSchneeBayern" oder „FamiliemitKindern"; und achten Sie auf kurze, prägnante Namen. Das ver-langen die Agenturen. Lesen Sie genau bei jedem Bildarchiv das Anforderungsprofil. Darauf kann man nicht oft genug hinweisen, und manchmal verändern Agenturen ihre Anforderungen auch.

Wie melden Sie sich bei Agenturen an?

Keine Sorge: Es ist sehr **einfach**, sich dort anzumelden. Lesen Sie intensiv und genau, welche Anforderungen die einzelnen Portale stellen und welchen Fundus an Bildern sie in ihrem Portfolio haben, also was sie bevorzugen. Dann wissen Sie schon in etwa, ob Sie mit Ihren Aufnahmen in deren Schema passen oder wie Sie künftig Ihre digitale Fotografie ausrichten müssen. Meistens navigieren Sie die Agenturen durch ihre Seiten und helfen Ihnen beim Anmeldeverfahren.

Nicht immer kann man jedoch leicht die Bedingungen erfüllen. Es ist ähnlich wie so genannte Text-Broker, für die Sie gegen Geld schreiben dürfen. In der Regel verlangen sie ein paar Probetexte, die bewertet werden, um Sie einem bestimmten Level zuzuordnen. So ähnlich machen das die Bild-Portale, die Fotos zum Verkauf anbieten. Natürlich kann nicht alles genommen werden, was Sie vielleicht verwackelt oder unterbelichtet auf dem Speicherchip haben. In der Regel müssen Sie mit einem Profil Mitglied werden; manchmal kostet es auch erst mal eine Gebühr. Weil die Firmen daran interessiert sind, ständig neue Bilder und

Fotografen zu bekommen, helfen sie Ihnen dabei, ein Profil anzulegen und gehen mit Ihnen Schritt für Schritt bis zum Foto-Transfer von Ihrem PC in die Datenbank. Die Agenturen sind auch meist so nett, Ihnen bei Ablehnung die Gründe zu nennen; dann können Sie daran arbeiten und es später noch einmal probieren.

Welche Bildthemen sind zu verkaufen?

Abgesehen von den „Vorlieben" mancher Agenturen gibt es gewisse Grundsätze für **die gefragtesten Motive**. Sie sollten nach Lust und Liebe **drauflos fotografieren** – auch immer unter dem Aspekt: Von 100 „geschossenen" Fotos ist bestimmt ein brauchbares dabei. Sie brauchen nicht wie früher mit Ihrem Filmmaterial haushalten, denn auf dem Chip kostet kein Foto mehr. Die digitale Welt erlaubt es, hunderte von Bildern aufzunehmen und wieder zu löschen, die besten abzuspeichern. Planen Sie ein wenig, denn das macht sich schnell bezahlt. Bringen Sie eine logische Folge in Ihre Sammlung, damit sie auch wiederzufinden ist, am besten mit einleuchtenden Namen jedes einzelnen Bildes, auch wenn es ganze Serien ähnlicher Aufnahmen sind.

Nicht immer ist die **Top-Qualität auch das Top-Bild**, ganz im Gegenteil: Die **einträglichsten** Bilder sind oft **Amateur-Schnappschüsse mittlerer Qualität**. Einige der meistverkauften Bilder unterscheiden sich nicht von Urlaubs-Schnappschüssen, wie sie bereits in unseren Familienalben sind. Versuchen Sie natürliche Fotos – neben den gestellten. Die Werbe-branche sucht oft neben dem Präsentationsbild (weiße Zähne, Mund auf, in die Kamera geschaut) eine natürliche Bewegung aus einem uns bekannten Ablauf: Der Fotografierte soll quasi versteckt aus dem Hinterhalt voyeuristisch so abgelichtet werden, dass er es gar nicht merkt. So ergeben sich nämlich Situationen, die eben nicht gestellt wirken, sondern jedem wie Du und Ich vorkommen, Beispiel: ein weinendes Kind, das gerade hingefallen ist und hilflos nach seiner Mutter sucht – oder zwei Menschen, die sich zuprosten und dabei anschauen, nicht aber gekünstelt anstoßen und dabei in die Kamera blicken wie das typische Shake hands-Bild von Politikern vor der Kamera: Man schüttelt sich die Hände und schaut sich nicht an, sondern in die Linse – wie unnatürlich ist das denn! Damit sind wir bei der Frage: **Was macht ein gutes Foto aus?** Da wir heute relativ präzise die Lese- und Klick-Gewohnheiten der User nachverfolgen können (siehe Google: Sie fragen die Suchmaschine nach billigen Flugangeboten für Spanien und wundern sich, warum künftig beim Öffnen Ihres Google-Accounts immer ein Sonderangebot „billige Flüge Spanien" blinkt!), wissen wir auch, **welche Fo-**

tos Menschen gerne anschauen. So ordnen Webseiten ihre Fotos oft nach deren Beliebtheit bei Käufern. Manche Agenturen führen sogar täglich die „Top 10"- oder „Top 20"-Listen; so zeigen sie die beliebtesten Downloads an. Natürlich hängt die Nachfrage auch von der **Nachrichtenlage** ab: Tritt der Papst ab, werden mehr Papst-Fotos verlangt. Auch die **Jahreszeit** spielt eine Rolle: Nach Schnee und Eis sehnt man sich nach Frühling und Sommer – entsprechend sind bei Winterende Sommerfotos gefragt. Viele der digitalen Fotogalerien richten sich auf den besonders **kaufstarken US-Markt** aus. Doch der nordamerikanische Geschmack ist anders – vielleicht etwas **niedlicher, kitschiger und weicher** als die europäische Nachfrage, die eher geradliniger, schärfer konturiert ausgerichtet ist. Wichtig: **Jedes digitale Fotoarchiv ist anders**; ihre **Anforderungen ändern sich** ständig. Bleiben Sie deshalb am Ball und prüfen Sie immer den letzten Stand der Bibliotheken, denen Sie Ihre Aufnahmen zusenden wollen. Wir leben nun mal in einer schnelllebigen Zeit. Sie müssen wendig und flexibel bleiben. Neben der absoluten Kenntnis der eigenen Kamera und ihrer technischen Möglichkeiten müssen Sie leider immer aufs Neue im Anforderungsprofil Ihrer Abnehmer blättern. **Tipp**: Die große digitale Fotogalerie, **iStockphoto**, verfügt über eine Seite mit den „**Beliebtesten Dateien**"; dort finden Sie die am stärksten nachgefragten Bilder und die beliebtesten Downloads der letzten Woche/des letzten Monats. Dort ist exakt **die Art von Fotos, die sich im Moment verkaufen lässt**. Ein Blick dorthin lohnt sich immer. Es gibt dort nämlich Bilder, die in weniger als drei Monaten 2.000-mal herunter geladen wurden. Wäre es nicht toll, wenn es Ihr Foto wäre?

Was ist gefragt (und was nicht)? Sie müssen sich – wie im Leben auch – davon verabschieden, dass Sie **nicht für Ihr eigenes Ego fotografieren** (den Wunschberuf realisieren auch die wenigsten!), was Sie toll finden, sondern Sie müssen sich eine **kaufmännische Ader** aneignen, ein Gespür für das, was Ihnen aus den Händen gerissen wird. Käufer sind oft **Grafikdesigner, Grafiker, Marketingleute** und **Werbeagenturen** – in wenigen Fällen Privatleute. Wenn Ihr Foto ein **bisschen anders** ist als die anderen, dann interessieren sich Fotoarchive dafür. Denn von den anderen haben sie bereits genug. Es darf aber auch **nicht allzu anders** sein. Deshalb gehen Sie etwas **strategisch** vor, überlegen sich **Konzepte, Fotostrecken, Probleme, Ideen** und verschiedene Motive. Hier ist Kreativität gefragt. Galerien nehmen keine Bilder, die ein potenzieller Käufer auch auf der Straße vor seinem Büro bekommen könnte. Dafür wäre der Kunde auch nicht bereit zu zahlen. So sieht es auch mit Fotos aus, die es bereits tausendfach gibt - zu viele Bilder mit Sonnenuntergängen, weshalb sie keine zu dem Thema mehr nehmen, es sei denn, Sie haben eine raffinierte Variante, etwas Außergewöhnliches „geknipst". Fotos, die „künstlerisch" oder „raffiniert" wirken, werden kaum verkauft, weshalb Agenturen sie kaum nehmen.

Hier nun eine Liste mit Foto-Kategorien, wie sie von den meisten Galerien verwendet werden, darunter einige der **derzeit gefragtesten Kategorien** für Motive: Abstraktes, aktuelle Ereignisse, Architektur, Botanik, Bürowelt, Digitale Kunst (also am Computer entstandene Bilder), Dokumentationen, Einzelobjekte, Erotik und Nacktheit, Geschäftswelt, Gesundheit und Fitness, Gesundheitswesen, Glamour, Hintergründe und Strukturen, Humorvolles, Industrie, Kinder, Konzepte, Landleben, Landschaften, landwirtschaftliche

Nutztiere, Menschen und Lifestyle, Militär, Mode, Musikwelt, Nachtaufnahmen, Nahrungsmittel, Natur, Ozean, Recht, Reisen, Religion und Spiritualität, schöne Künste, Sport, Stadtleben, Stillleben, Technologie, Transport, Unterhaltung/Entertainment, Urlaub, Vintage und Wirtschaft.

Eine sehr starke Nachfrage herrscht nach Bildern von Gebäuden, **Innen- und Außenarchitektur**, Stadtansichten, unter den **Berufen**: Lieferant, Florist, **Zahnarzt**, Doktor, Krankenschwester, **Bauarbeiter**, Installateur, Elektriker, **Maschinenführer**, Pilot, Fotograf, **Lehrer**, Banker, Verkäufer, Rezeptionist, **Polizist und Richter**.

In der **Bürowelt**: Personen bei unterschiedlicher Büroarbeit, Büroausstattung und Konzeptbilder zum Thema Bürowelt. In der **digitalen Kunst**: „Gemälde", die in digitaler Form am Computer entstanden sind (digitale Medienkunst), digitale Fotomanipulationen, die der Realität trotzen (wobei Fragmente realer, bereits erschienener Fotos wie als Fetzen aus Zeitungen eingebaut, verfremdet werden).

Beim **Entertainment** sind Bilder von Ereignissen oder Veranstaltungen unterhaltsamer Art gefragt, **Menschen** und Gegenstände, die im Zusammenhang mit **Unterhaltung** stehen. **Essen/Trinken**: Bilder von **Nahrung**, Nahrungsmitteln in ihrem Urzustand und von kulinarischen Themen, vorzugsweise von jemandem, der etwas Essbares in der Hand hält, Fotos von fast allen essbaren Dingen. Bei **freigestellten Objekten** sind verschiedene Dinge vor einem rein weißen Hintergrund gefragt. Gebäude: Berühmte Gebäude wie auch interessante Alltagsgebäude, Teile von Gebäuden, an denen architektonische Details erkennbar sind.

Geldbezogen: **Luxusartikel** wie Juwelen, Elektronik und teure Autos sowie Menschen, die sich daran erfreuen. Aus der Geschäftswelt sind Aufnahmen von **Geld** und **Finanzen** gefragt, Handel, Unternehmensumfeld, Bilder von Geschäftskonzepten wie Franchise, Rezession, **Finanzkrise**, Fotos von Menschen im Geschäftsleben, Geschäftsumfeld, Geschäftseinrichtung oder Fotos von Geschäftsmerkmalen wie Brezel für Bäckerei.

Im Bereich **Gruppen und Teams** gilt: Eine Person ist gut, zwei, drei, vier oder mehr sind besser. Handlung: Fotos von Menschen, die handeln wie **essen, tanzen, rauchen, fischen, fahren, bauen**, sprechen. Hintergründe und Strukturen: Bilder, die vor allem als **Hintergrund** für die visuelle Gestaltung oder als Grundlage für ein grafisches Layout verwendet werden können. Jede Anzeige, jedes Unternehmen, jedes Plakat, jeder Titel einer Broschüre braucht einen Hintergrund. Fotografieren Sie **Felder, Treibsand, Blätter** auf den Bäumen oder in Nahaufnahmen – Unternehmen unterlegen zum Beispiel den Titel eines Umweltberichts mit einem sauberen, scharfen Ahornblatt. Gefragt sind bei Konzeptbildern solche Motive, die mehr als eine Idee als Objekt aufgreifen. Im Bereich Menschen und Lifestyle sind Fotos **attraktiver Menschen** gefragt, die lustigen und interessanten Dingen nachgehen wie einkaufen, sich unterhalten, essen, bei der Maniküre, im Friseurstudio – auch **Porträts** von Personen und Menschen, die an Veranstaltungen teilnehmen; achten Sie immer darauf, dass wirklich Menschen auf dem Foto sind. Makros sind Nahaufnahmen, etwa von Blättern, Blumen oder Hausdetails, von Menschen und Objekten; hier muss das Bild oder

der elektronische Sensor mindestens so groß wie das Motiv sein.

Menschen und Aktivitäten: Fotos von **Menschen** mit verschiedenen Aktivitäten wie **tanzen, arbeiten, putzen**, Sport treiben, lachen, **essen, fahren** und bauen sind sehr beliebt. Merkmale: Besondere, auffällige Merkmale und solche, die mit unterschiedlichen Berufen in Zusammenhang gebracht werden wie Krankenschwester, Richter, Verkäufer, Fahrer, Lehrer. Message-bezogene Bilder, die eine bestimmte Botschaft, ein Thema, eine Handlung oder einen bestimmten Zustand vermitteln wie „**Kaufen Sie online!**", „**Kein Alkohol am Steuer**" oder „**Schluss mit dem Rauchen**".

Objekte: alltägliche oder außergewöhnliche Objekte, die Ideen oder Symbolik einer Handlung vermitteln, wie **Sonnenbrillen, Schlüssel, Geld**, Klebezettel, Fußbälle oder Werkzeuge – idealerweise auf einem ebenen, weiß- oder graufarbigen Hintergrund.
Ozeane: **Unterwasserbilder**, Fotos von Ozeanen, **Seen, Binnenseen, Kanälen**, Teichen, Flüssen, Bächen sowie Wasser-Flora und -Fauna; hochwertige,

klare Unterwasseraufnahmen sind sehr gefragt, speziell von Unterwassertieren wie Schildkröten oder **Fischschwärmen**, Fotos von Unterwassertiefen, Ozeantopografie, vom Tauchen und Schnorcheln, also auch von Menschen unter Wasser.

Stillleben: Hierbei handelt es sich normalerweise um fotografische Kunstwerke, die unbelebte Gegenstände darstellen; in der Regel sind es sehr banale natürlichen Ursprungs oder von Menschen geschaffen. Hier kommt es vor allem auf das Licht oder den Schattenfall an, aber das Objekt selbst muss klar definiert sein. Unternehmensbilder: Menschen bei der Arbeit, in **Business-Kleidung**, in geschäftlichen Situationen wie **Meeting**, Telefonkonferenz, Verhandlungen. In der Wirtschaftsfotografie sind vor allem Motive bezogen auf Finanzkrise und **Rezession** interessant, also **Grafiken fallender Kurse**, Geldfülle, Geldkoffer, Gelddruck, Münzenprägung.

Hier noch eine kleine Auswahl von **Fotos mit starker Nachfrage**: Im Bereich **Fashion** sind das Bilder mit Bekleidung, Modeschau, Laufsteg, Menschen aus der Modebranche wie Designer, aus der Haute Couture,

Make up. Manche Agenturen beklagen erstaunlicherweise, dass sie nicht genügend Fotos von **Frauen** in allen Lebenslagen haben.

Im Bereich **Recht** sind es Bilder aus dem Bereich Strafverfolgung und dessen Umfeld wie Polizeiwagen, Ermittlungen, Einbruchspuren, nachgestellte Diebe, Taschendiebstahl, Bahnsteigkontrollen. Hier ist natürlich das Problem, dass man Beamte zuvor um Erlaubnis bitten muss, insbesondere wenn es um Spezial-Einsatz-Kommandos (SEK) geht, die meist maskiert auftreten. In der Regel kommen hier nur nachgestellte Aufnahmen heraus, die Beamte nur umriss-/schemenhaft andeuten. Fotos von Demonstrationen gehören auch dazu.

Im Bereich **Gesundheit** sind alle Bilder gefragt, auf denen für Gesundheit und einen gesunden Lebensstil sowie Fitness geworben wird. Alle Aspekte eines Hochzeitsfestes interessieren Agenturen.

Industrie; Anlagen, Maschinen, Herstellungsprozess von Waren, Fracht-Transporte, Energieerzeugung, Windräder, Solaranlagen. Kontroverse Themen; Motive aus der **Tagespolitik**, Frauen, Geschlechter, Sexualität, Verbrechen, Bildung, Religion, Rassen, Krieg, Armut, Reichtum, Umwelt – allerdings werden hier nur erstklassige Fotos genommen. Landschaft: Aufnahmen von Bergen, Tälern, Bäumen, Wäldern, Flüssen jeder Art; Winterlandschaften sind besonders gefragt. **Liebe** und Romantik: Hand in Hand gehende Paare, die etwas miteinander unternehmen.

Musikwelt: Bilder von Musikern, Instrumenten und anderen musikbezogenen Motiven. Nachtaufnahmen: Sonnenuntergang, Nachtaufnahmen von Landschaften und Stadtansichten, Silhouetten, Skyline.

Natur: Fotos mit einem ästhetischen Wert wie Außenaufnahmen, die natürliche Elemente wie Landschaften, Wildtiere oder Pflanzen darstellen, Nahaufnahmen natürlicher Szenen und Strukturen.

Reisen: Aufnahmen von reisenden Menschen, typische Reiseszenen wie auf dem Bahnsteig oder im Flughafen, am Strand/Pool, Aufnahmen an ungewöhnlichen Orten oder von bekannten Reisezielen.

Religion und Spiritualität: Symbole wie Kreuz oder Kopfbedeckung, Aktivitäten wie beten oder pilgern, Orte, Aktionen, Traditionen und Nahrung von allen Glaubensrichtungen; Bilder von religiösen oder spirituellen Handlungen, religiöse Feiertage und Bilder von Tempeln, Kirchen und meditierenden/betenden Menschen.

Stadtleben: Fotos von verschiedenen urbanen Szenen, Aktivitäten/Veranstaltungen in Städten und U-Bahnbereichen, Straßenbahnen, Bussen.

Sport: Menschen, die verschiedene Sportarten ausüben, sportliche Wettkämpfe, sportbezogene Objekte wie Ball, Diskus, Speer, Hürden, Sprunggruben oder Boxring: Fußball, Tennis, Gold – Trendsportarten wie Free-Style-Board, Skatebording, Kite-Surfing, Snowboard sowie damit im Zusammenhang stehende Ausrüstungen, Veranstaltungen, Sportplätze und so weiter.

Technologie: Laser, Glasfaseroptik, Ausrüstung, digitale Chips, Computerräume, Server, Netzwerke sowie Menschen, die Technologie, Geräte, Telefone, Computer und Handys nutzen.

Eine Reihe von **geeigneten** sind auch Bilder von altmodischen, **antiken Gegenständen** oder Veranstaltungen aus der **Vergangenheit** wie die alljährliche Steuben-Parade in New York; Urlaub im Ausland, unübliche und einzigartige Dinge, windige **Strände im Winter**, Haar-, Gesichts- und Handaufnahmen, professionelle Models und geschmackvoll in Szene gesetzte Nackte mit Erotik und nicht pornografisch, Bauernhöfe, Felder, Vieh, landwirtschaftliche Geräte, Menschen bei landwirtschaftlichen Tätigkeiten, ländliche Szenen und Aktivitäten; **kleine Kinder und Säuglinge**, glückliche Kindergesichter, spielende und Spaß habende Kinder – allerdings gibt es hier ebenso **Tücken** beim Fotografieren wie mit Tieren, die nicht immer so wollen, wie der Fotograf es gerne hätte.

Die Kunst eines guten Fotografen ist es hier, ein **Verhältnis** zum „Objekt" aufzubauen, belanglose oder angeregte **Gespräche** zu **führen**, die die zu Fotografierenden **ablenken**, damit man sie **unverkrampft fotografieren** kann. **Humor** geht immer: Menschen die lachen, Spaß und Freunde vermitteln, sich angeregt unterhalten. **Haupt- und Großstädte** auf der ganzen Welt bieten neben bekannten Ansichten andere Blickwinkel, kultige Szenen: auf vorhandenen **Postkarten** finden Sie genug Ideen. **Models**, die Glamour zeigen und das Motiv oder Produkte unterstreichen. Im Bereich Gesundheit sind Apotheken, Labors, Röntgenbilder, Technologie, Untersuchungen, Medikamente, medizinische Geräte, Chirurgen, Operationen und sich daraus ergebende Situationen gefragt.

Erotik: Bilder, die die Sinnlichkeit und Sexualität des Menschen in künstlerischer Weise ausdrücken. Erlebnisse aus der Vergangenheit, die Erinnerungen wachrufen wie Klassentreffen, Feste, Geburtstage, Abschlüsse.

Dokumentation: Fotojournalismus, der als wahr und objektiv bezeichnet wird; er besteht aus Schnappschüssen zu bestimmten Themen und beinhaltet meist Bilder von Menschen. Attraktive, **glückliche ältere** Menschen; **aktuelle Ereignisse**, die insbesondere für einen redaktionellen Kontext gebraucht werden.

Blumen und **Kulturpflanzen** sind in jeder Variation immer gefragt wie gelbe Rapsfelder, blaue Lavendelfelder, beschnitte Hecken, kunstvoll angelegte Gärten, Reis, Mais, Getreide und so weiter.

Gehen Sie gezielt auf Motivsuche

Wenn Sie wissen, mit welcher Agentur Sie am besten zusammenarbeiten können, dann ist Ihnen auch bekannt, welche Fotos sie wünscht. Richten Sie danach Ihre Fotografie aus. Schärfen Sie Ihr Auge und den Blick für das, was Sie gut verkaufen können. Nehmen Sie sich die Zeit, auf Motivsuche zu gehen. Sie wollen ja Geld verdienen.

Betrachten Sie daher zu bestimmten Zeiten Ihre Digitalkamera als Arbeitsmittel, als Werkzeug im Job. Am besten schreiben Sie ein kurzes Konzept, am besten in der Reihenfolge, in der Sie bestimmte Situationen und Motive abfahren oder abgehen können, zum Beispiel: Sie unternehmen eine Schiffstour auf dem Rhein von Düsseldorf nach Bonn, weil Sie ein Bildarchiv an der Hand haben, das aus diesem Umfeld Material sucht. Beginnen Sie mit Aufnahmen vom Fluss von einer Brücke oder vom Ufer aus in verschiedenen Perspektiven – als Totale und im Detail. Dann fotografieren Sie das Schiffe oder gleich mehrere Schiffe. Sie gehen an Bord und nehmen Details wie Schiffsglocke, Steuerrad oder Deck auf, vielleicht Personal wie Kapitän, Steuermann, Kellner oder Ticketkontrolleur. Gehen Sie an Deck und Fotografieren jetzt im Vorbeifahren Landschaften, Altstadtpanorama, Uferpromenade oder Details wie Schiffsanleger und Pegelstandmesser und Bojen. Schon haben Sie ein Konzept, nach dem Sie fotografieren. Vielleicht lässt sich unterwegs eine Möwe auf dem Schiff nieder oder der Schornstein qualmt, das Schiff schlägt Wellen, ein Polizeischiff kommt vorbei oder Ruderer passieren Ihr Ausflugsschiff.

Neun Schritte zum Verkauf Ihrer Fotos

Um gut verkäufliche Fotos zu bekommen, sollten Sie vor dem Start ein paar Dinge beachten. Sie werden Ihnen dabei helfen, Ihre Fotos zu verbessern und „käuflich" zu machen. Einige Tipps haben Sie bereits bei verschiedenen Themen hier im Buch erhalten.

1. Legen Sie sich auf **ein Thema** fest (es können später durchaus andere Gebiete sein!). Wählen Sie einen Beruf aus, eine bestimmte Situation, eine besondere Tätigkeit oder ein bestimmtes Motiv, das Sie sich vorstellen und das Sie auch interessiert. Denn es immer einfacher, Dinge darzustellen, mit denen man sich persönlich auch identifiziert. Versuchen Sie nun, diese Idee im Foto festzuhalten und daraus eine ganze Serie zu entwickeln.

2. Suchen Sie sich dazu **ein Konzept**. Fertigen Sie Fotos an, die dieses Konzept transportieren – beispielsweise Begriffe wie Freude, Lifestyle, Ethik, Erfolg, Traurigkeit, Intelligenz, Kreativität, Gefühle oder auch Sparsamkeit.

3. Nun konzentrieren Sie sich auf **einzelne Objekte**. Denn Sie sollten wissen: Foto von einzelnen Objekten wie einem Tier oder einem Baum sprechen Käufer oft sehr gut an, denn sie ordnen dem Foto ein eindeutiges Ziel zu.

4. Ihr **Motiv** sollte **Bild füllend** sein, das heißt: Das Objekt, der Mensch oder Gegenstand muss so im Ausschnitt gewählt werden, dass es die Aufnahme komplett ausfüllt. Möglichst wenig Hintergrund sollte dabei zur Geltung kommen. Viele Fotos kranken daran, dass Sie oben ein Drittel der Wolken oder unten zwei Drittel des Bodens abschneiden können. Beim Blick durch den Sucher oder auf Ihr Display muss das, was Sie fotografieren wol-

len, dominant hervorstechen, sonst bekommt Ihr Foto keine Ausdruckskraft, weil zu viel Störendes drum herum ist.

5. **Handlungen** sind immer gut. Greifen Sie etwas Aktives, Handelndes auf. Wenn ein Foto immer zeigt, dass etwas passiert oder passieren wird, ist das Bild überzeugend und gut – nicht umsonst ruft der Regisseur bei Filmaufnahmen immer „Action", und die Klappe geht zur nächsten Szene wieder zusammen.

6. **Menschen** sind auch immer gut. Wie oft sitzen Sie in der Fußgängerzone oder im Café nur „zum Menschen beobachten"? Jeder Mensch ist anders und unterschiedlich interessant. Gesichter sind spannend; sie drücken etwas aus, sind sympathisch. Beobachten Sie mal, wie ein knackiger Bursche das Lokal betritt und die Blicke der Frauen plötzlich an ihnen kleben. Es kann Ihnen passieren, dass Sie mit einer guten Freundin spazieren gehen und sich unterhalten, während plötzlich ein sehr attraktiver junger Mann Ihren Weg kreuzt; auf einmal sind Sie Luft. Ihre Begleitung will nichts mehr von Ihnen wissen. Klassisch sind solche urkomischen Szenen, auf denen jemand fasziniert an einer Person klebt und dabei gegen ein Verkehrsschild läuft.

Aber Vorsicht: Aufnahmen mit Menschen bergen immer Gefahren – das so genannte **Recht am eigenen Bild** lauert als Stolperfalle. Nur Personen des öffentlichen Lebens wie der Bürgermeister oder Politiker müssen es sich gefallen lassen, dass sie abgelichtet werden. Deshalb halten Fotogalerien immer einfache Formulare zum Download bereit, die Sie unbedingt mit sich führen sollten; es ist die so genannte **Modellfreigabe**; nur so nehmen Archive Bilder an. Die fotografierten Personen geben darin ihr Einverständnis, dass sie keine Einwände gegen eine Verwendung der Fotos haben und auf eventuell ihnen zustehende Honorare verzichten.

7. Wie heißt es so schön in der Werbebranche: **Kinder** und Tiere gehen immer. Doch Kinder unterliegen einem besonderen Schutz. Sie sehen das häufig auf Pressebildern oder im Fernsehen: Ein Balken versteckt die Kinderaugen oder –Gesichter. Hier ist die Modellfreigabe von den Eltern einzuholen. Sie umgehen das Risiko, indem Sie Aufnahmen von den eigenen Kindern oder von denen naher Verwandter/guter Freunde machen.

8. Ganz problematisch ist auch die Abbildung von **Handelsmarken**. Die meisten Agenturen akzeptieren keine Bilder, die Logos auf Kleidung, Gebäuden, Postern, Autos oder Packungen enthalten, auch nicht verschwommen im Hintergrund. Selbst das Krokodil auf dem T-Shirt ist verpönt. Es ist aber auch nicht immer zu vermeiden, wenn Sie schnell fotografieren. Finden sich dennoch Handels-Logos auf Ihren Bildern, können Sie diese vorsichtig mit Foto-Bearbeitungssoftware entfernen.

Wir sprachen schon über die „Papiere": Holen Sie sich die **Genehmigungen** für Aufnahmen von Privateigentum wie Gebäuden einschließlich berühmter Gebäude und Privathäuser ein, von Autos, Booten, Zügen, Flugzeugen und so weiter – wenn sie auf Privatgelände fotografiert werden! Es klingt schwierig, aber wenn Sie nun mal mit ihrer Digitalkamera Geld verdienen wollen, müssen Sie sich an bestimmte Auflagen halten. Wenn Sie von einem öffentlichen Platz, einer Straße aus gemacht werden, ist dies nicht erforderlich. Aus Höflichkeit sollten Sie trotzdem fragen. Bilder aus Inneneinrichtungen wie Schlössern oder Kirchen erfordern eine **Eigentums-Freigabeerklärung** (Formulare im Downloadbereich der Agenturen). Sonst nehmen Bildarchive sie nicht in ihre Sammlung auf. Es bestehen keine Einwände des Eigentümers gegen eine Veröffentlichung, sonst wären die Aufnahmen ja wertlos.

Sie sehen also: Es gilt einiges zu beachten. Damit Sie nicht ins offene Messer laufen und Ihre Fotos nicht zu verkaufen sind, sollten Sie im eigenen Interesse auf solche Vorgaben achten. Und noch zwei Dinge:

In der Regel nehmen die Bildagenturen **digitale Dateien** an per eMail; manchmal akzeptieren Sie auch Fotos auf **CDs gebrannt** (und ganz selten noch gute **Papierabzüge** - in der Regel von historischen Motiven, alten Familienfotos, die spezielle Situationen darstellen, wenn Sie noch einen „historischen Schatz" auf dem Dachboden Ihrer Uroma heben.

Erwarten Sie am Anfang **keine Reichtümer**. Versprechungen von 700 Euro in der Woche mit digitalen Fotos sind erst einmal hart zu erarbeiten. Ein Quäntchen Glück für den „goldenen Treffer" gehört auch dazu.

Wie Sie Schlüsselwörter vergeben

Sie haben bereits gehört, dass zu jedem Bild Papiere gehören. Besonders wichtig ist dabei die Liste mit Schlüsselwörtern (Keywords), die Sie Ihren Bildern geben. Intelligent sollen sie sein, damit man genau Ihre Aufnahmen im Netz findet und kauft. Ihr Bild braucht deshalb eine gute Beschreibung. Das ist quasi die Suchmaschinen-Optimierung. So maximieren Sie die Zahl Ihrer Käufer. Stellen Sie sich folgende Fragen, denn so gelingt Ihnen eine gute Beschreibung:

- Was ist es?
- Was macht es?
- Wie fühlt es sich an?
- Wo ist es?
- Welche Farbe hat es?
- Warum ist es auf diese Weise entstanden?
- Wer steht mit ihm in Wechselwirkung?
- Wer ist es?
- Was machen Sie mit dem Bild?

Haben Sie schon mal Dinge bei Auktionshäusern wie z.B. eBay™ verkauft? Dann wissen Sie nämlich, wie wertvoll Keywords sind. Sie müssen nämlich jedes Foto effizient indexieren; und sie sollen so exakt wie möglich beschreiben, was ein Foto darstellt: der tatsächlich physische Inhalt des Bildes, aber auch Emotionen und abstrakte Begriffe, welche über das Bild vermittelt werden könnten. Zwischen zehn und fünfzig Schlüsselwörter reichen. Je mehr Sie haben, desto wahrscheinlicher wird genau Ihr Foto gefunden. Am besten sind Schlüsselwörter für Begriffe; sie helfen, den Endnutzer zum Kauf anzuregen.

Beispiel: Sie haben ein Bild geknipst, auf dem Ihre Familie gerade im Hotel zum zweiwöchigen Urlaub in der Sonne ankommt. Sie geben dem Foto nun folgende Schlüsselwörter:

„Ankommen, gerade ankommen, Gebäude, Urlaub, Hotel, Motel, Sonne, Reise, Himmel, freie Zimmer, Unterkunft, Willkommen, lachen, Freude, Erleichterung, genießen, relaxen, Erholung, Luxus, Freizeit, Ferien, Wochenende, Destination, Foyer, Concièrge, Türsteher, Gast, Taxi, Gastfreundschaft, Lifestyle, Rezeption, einchecken, Aufzug, Zimmer, Suite, Apartment."

Tipp: Verwenden Sie Varianten der wichtigsten Schlüsselwörter wie lachen und lächeln. So findet ein Käufer, der nur nach „lachenden Bildern" sucht, Ihr Foto ebenso wie der, der nach einer lächelnden Person schaut.

Ihren eigenen Namen dürfen Sie unter den Keywords nicht verwenden. Den Namen einer Stadt oder eines Ortes geben Sie nur an, wenn das für Ihr Motiv relevant ist, etwa „Buckingham" „Palast" „London", aber London lassen Sie bitte raus, wenn es sich hier um ein Gebäude handelt, das an jedem anderem Platz der Welt stehen könnte, selbst wenn es in London ist. Sie wollen nämlich, dass Ihr „Haus" gefunden wird und nicht London, wo es unzählige Gebäude schon im Archiv gibt. Verwenden Sie auch möglichst nicht generalisierende Begriffe wie Foto, Fotograf, Bild, Aufnahme; das hat in den Schlüsselwörtern nichts zu suchen.

Vermeiden Sie, winzige Details, die kaum sichtbar und relevant sind, zu erwähnen. Wenn also ein winziger Punkt auf ein Handy hindeutet, gehört es nicht in die Keywords, weil jeder Betrachter enttäuscht wäre.

Verwenden Sie weder Artikel noch Präpositionen wie der, die, das oder in, am, auf oder und, aber, diese oder eine.

Farben sind nur dann Schlüsselwörter, wenn sie zentraler Teil des Bildes sind, also kein „grün", wenn nur drei Bäume auf dem Bild sind.

Legen Sie den Fokus klar aufs Bild: „Urlaub" ist unpassend, wenn kein Mensch am Strand zu sehen ist. Adjektive sind oft Kauf entscheidende Begriffe, weil sie immer mit einem gewissen Feeling oder einer Stimmung verbunden sind. Glücklich, traurig, entspannend, energiegeladen, freudig, stimmungsvoll, lebhaft – nach solchen Keywords wird gern gesucht. Beispiel: Haben Sie das Bild einer glücklichen Familie, sollten Sie neben glücklich auch harmonisch, froh, lustig, lebhaft, spaßig eingeben.

Wichtig: Fotogalerien behalten sich immer auch das Recht vor, unangemessene Schlüsselwörter zu entfernen oder neue hinzuzufügen. Ihre Begriffe sollten gleich beim ersten Mal sitzen, denn nach dem Hochladen haben Sie keine Chance mehr, sie zu ändern.

Geld mit Gesellschafts- und Hochzeitsfotografie

Dritte Möglichkeit, mit der Digitalkamera Geld zu verdienen, ist Gesellschaften wie im **Karneval**, auf **Schützenfesten**, **Dorffeiern** oder **Hochzeiten** zu fotografieren. Dahinter steckt das Prinzip, dass Gäste gerne ein aktuelles Bild vom Fest mit Freunden, Bekannten oder dem Partner/der Partnerin gleich mit nach Hause nehmen möchten. Diese dritte, zeit- und kostenaufwendige Chance wollen wir hier nur kurz der Vollständigkeit halber erwähnen.

Sie kennen das doch: Sie gehen mit der Familie in den Zoo und da erwartet Sie schon ein „Knipser". Meist sind noch irgendwelche Pappkameraden aufgebaut, die das Motiv witziger gestalten, also ein Papp-Affe mit Loch im Kopf, durch das Sie durchschauen können; oder Familienfoto vor einem Zoo-Poster, damit auch jeder weiß, wo Sie waren. Kommen Sie nach zwei Stunden vom Rundgang zurück, gehen Sie unweigerlich an einer Tafel vorbei, auf der hunderte von Farbprints hängen. Nun dürfen Sie sich Ihre Bilder aussuchen und teuer bezahlen. Teuer deshalb, weil der Fotograf ja auch mit relativ viel Verlust kalkuliert, also mit den unzähligen Bildern, die nicht gekauft werden. Heute ist so eine Aktion relativ einfach möglich. Denn es gibt zahlreiche preiswerte Printer, die vom USB-Stick oder direkt von Kamera-Chip oder über Kabel vom Fotoapparat die Daten auf den Fotodrucker übertragen und relativ gute Abzüge liefern. Sie finden solche Leute auf Karnevalsfeiern und Schützenfesten, können sie aber auch direkt für Ihre Hochzeit anheuern.

In der Regel stecken große Firmen dahinter, die den Markt beherrschen und Lohndumping betreiben. Studenten werden nächtelang durch die Party-Locations gescheucht, an Wochenenden und durch die Urlaubsgebiete von Mallorca und der Dominikanischen Republik. Die Typen sind nervig, weil sie einen ständig auffordern in die Linse zu starren und die Zähne zu zeigen (cheese). Man will feiern und Party machen, hat keinen Nerv, sich ablichten zu lassen. Aber die machen ja auch nur ihren Job.

Natürlich wollen Sie vom Ereignis Ihres Lebens Erinnerungsfotos behalten. Hochzeiten müssen einfach für die Ewigkeit festgehalten werden. Und Sie kennen doch die Foto-Shops in den Kaufhäusern, die darauf spezialisiert sind, Babys und Kleinkinder zu fotografieren. In der heutigen digitalen Welt können Sie selbst Passfotos fast sofort mit nach Hause nehmen. Der Star als digitaler Kleinunternehmer ist etwas schwierig und erfordert einige Investitionen. Als Partyfotograf brauchen Sie auch einige Kenntnisse davon, wie Gesichter gut abgelichtet werden. Ein externer Blitz ist notwendig und Sie brauchen Erfahrung, bis Sie sozusagen „auf die Piste" können.

Also dann versuchen Sie es besser erst einmal, nur mit Ihrer Digitalkamera Geld zu verdienen und Ihre Fotos zu vermarkten. Das ist wesentlich einfacher.

Welche Digitalkamera ist die beste für Sie?

Ein ganz einfaches Beispiel zeigt, woran es hapern kann. Unsere Digitalkameras sind voreingestellt und nehmen Bilder in einer bestimmten Größe auf, meist zu wenig, um bei Agenturen zu landen. Sie sollten also erst einmal Ihre **Digitalkamera genau kennen**. Lesen Sie **intensiv** die **Gebrauchsanleitung** durch, Punkt für Punkt und am besten zweimal oder mehr. Sie müssen nämlich genau wissen, was Ihre Digi-Cam kann und an welchen Rädchen Sie drehen müssen. Ganz einfaches Beispiel: Jede Digitalkamera hat einen eingebauten Blitz, der automatisch „zuschlägt", wenn ein bestimmtes Licht herrscht. Ein Flash ist aber nicht für jedes Bild gut, also müssen Sie schon mal wissen, wie man ihn abstellt. Wenn Sie eine etwas bessere Kamera, vielleicht sogar eine digitale Spiegelreflex haben, kennen Sie das: Wenn es draußen etwas bewölkt ist und Sie berühren den Auslöser, dann sucht das Objektiv zuerst die Schärfe, dann klappt plötzlich über dem Sucher der Blitz aus. Drücken Sie jetzt ab, blitzt es auch. Passen Sie nicht auf, haben Sie einen störenden weißen Punkt mitten im Bild, meist auf reflektierenden Stellen wie Glasscheiben oder blankem Silberblech. Schon können Sie das

Motiv löschen, weil es keiner mehr nimmt und auch durch noch so gute Software nicht mehr nachzubessern ist. Für gute Fotos brauchen Sie auch ein separates Blitzlichtgerät.

Digitale Kameras haben so genannte Motiv-Programme (Berge, Gruppen, Sonne, bewölkt etc.). Die Knöpfchen sind nicht umsonst da. Bei besseren Kameras können Sie sogar noch viel mehr einstellen, den Blitz abstellen, einen Selbstauslöser einsetzen und so weiter. Erst wenn Sie wissen, was Ihre Kamera alles kann, sind Sie in der Lage, alles aus ihr rauszuholen.

Die Kamerawahl: Haben Sie noch keinen digitalen Fotoapparat, dann sollten Sie überlegen, welche Art von Aufnahmen Sie anfertigen wollen oder was Ihnen liegt. Die meisten haben eine handliche **Schnappschuss- oder Kompaktkamera** mit einer begrenzten Auflösung von meistens fünf Megapixeln für Anfänger und Hobbyfotografen: Preis zwischen 50 und 100 Euro. Ein solches Modell eignet sich immer für die Hand- oder Jackentasche. Selbst wenn man anspruchsvoller „knipst", sollte man die immer noch in der Hinterhand haben. Sie reicht auch gut für aktuelle

Pressefotos von einem plötzlichen Ereignis. Es sind meist Automatikkameras, bei denen individuelle Einstellmöglichkeiten begrenzt sind. Dann folgt die **Schnappschuss-Kamera für Fortgeschrittene**. Sie bietet mehr Einstellmöglichkeiten, hat einen LCD-Bildschirm, bessere Linsen, einen optischen Zoom und Datenanschlüsse. Bei vier bis acht Megapixeln liegt ihre Auflösung. Die besten Kameras dieses Typs für erfahrene Teilzeitfotografen sind auch als „**Prosumer**"-Kameras bekannt, denn sie schaffen den Spagat zwischen Otto Normalverbraucher und dem Profi, Kosten: 100 bis 300 Euro. Sie sind leicht zu handhaben und liefern hochwertige Bilder.

Danach kommt die **digitale Spiegelreflexkamera**, die 300 bis 1.200 Euro kostet, mindestens sechs bis acht Megapixel Auflösung hat und höher – momentan bis maximal etwa 17 Megapixel. Vorteil hier: Sie können unterschiedliche Objektive zukaufen. Die einäugige Spiegelreflexkamera (DSLR) ist eine High-End-Kamera. Sie lässt den Kreativen unter den ambitionierten Hobbyfotografen freie Hand und viele „Spiel"-Möglichkeiten. Sie haben ein optisches Zoom (Telebildfunktion), das heißt, man kann Objekte vergrößern und sie wie ein Fernglas heranziehen.

Es gibt auch einen digitalen Zoom, mit dem man Motive lediglich im Sucher noch mehr vergrößern kann; es wird dann beschnitten, wodurch sich Klarheit und Pixelauflösung verringern. Bevorzugt werden immer mehr Kameras mit optischem Zoom – normalerweise mit dreifach optischem Zoom, aber auch schon mit einem bis zu zehnfach stärkeren optischen Zoom bei Kompaktkameras. Normale Brennweiten sind zwischen 18 und 55 Millimeter; Teleobjektive gehen in der Brennweite bis über 200 Millimeter und darüber hinaus. Mit 18 Millimetern können Sie zum Beispiel eine Biene auf einer Blüte im Makro-Bereich gut fotografieren. Digitale Spiegelreflex-Systeme sind auch hochwertiger verarbeitet. Mit den meisten von ihnen lassen sich Bilder im verlustfreien RAW-Format (bei entsprechender Einstellung) aufnehmen/speichern und optional auch im komprimierten JPEG-Format. Allerdings brauchen Sie für solche Kameras Fototaschen, weil sie sperrig sind. Die digitale Spiegelreflexkamera hat neben dem eingebauten Blitz einen so genannten Blitz-Schuh obendrauf, auf den Sie ein externes Blitzgerät schieben können.

Der Blitzauslöser ist dann automatisch mit der Kamera gekoppelt, also Blitz löst aus, wenn Sie abdrücken und das Motiv aufnehmen. Außerdem hat sie auch am unteren Boden ein Gewinde für ein Stativ. Natürlich gibt es weitaus teurere Profiausrüstungen. Am besten, Sie entscheiden sich beim Kauf für das **beste und teuerste** Modell, **das Sie sich leisten können**. Das macht dann später alles einfacher, und Ihre Kamera ist nicht so schnell veraltet. Aber Sie können auch mit einer einfachen Digitalkamera gute Fotos machen. Es gibt mittlerweile auch schon kleine Geräte, die in der flachen Hand verschwinden, mit um die zehn Megapixel Auflösung. Denken Sie aber immer daran, dass ein solches Gerät auch noch zu handhaben ist. Sie sollten Sie mit beiden Händen halten und bedienen können; steuern Sie Ihren Bildausschnitt immer über das Display. Mittlerweile sind die **Kamerachips** so leistungsfähig geworden, dass Sie spielend 8, 16, 32 und 64 Gigabyte (GB) auf so kleinen Medien in der Kamera abspeichern können.

Früher hatte man gerade einmal 1 bis 4 GB maximal. Sie sehen also, dass Sie jede Menge Bilder aufnehmen können, die weit über die Möglichkeiten des alten Zelluloids mit 36 Aufnahmen gehen. Profisysteme gibt es auch im so genannten digitalen Mittelformat. Sie kennen das aus Fotostudios, wenn der Fotograf früher bei Hochzeitsaufnahmen von oben auf einen Sucher schaute; heute ist es ein großes Display oben auf der Kamera.

Schlusswort

Die Quintessenz aus diesem Buch lautet: Lernen Sie zunächst Ihre Digitalkamera richtig kennen und optimal zu beherrschen; dann stöbern Sie in Agentur-Portfolios: Nun wissen Sie, wie Sie mit Ihrer Digitalkamera Geld verdienen. Sie müssen dafür etwas Ihr bisheriges Fotografier-Verhalten verändern: Nicht mehr nur drauf los knipsen, sondern mit dem gewissen Händchen für den Verkauf. Fotografieren ist so einfach geworden, die Technik so intelligent. Sie müssen keine Blenden mehr einstellen, die Filmempfindlichkeit berücksichtigen oder Belichtungen am Objekt ausmessen. Technik und Optik sind für jedermann erschwinglich, so dass jeder in dem Riesen-Markt gut mitverdienen kann.

Finden Sie den Blick fürs Motiv und halten Sie an, wenn Sie am Straßenrand auf dem Bürgersteig den Top-Schuss entdecken. Ja, Sie müssen öfter mal anhalten und mit dem Linsen-Blick durch den Tag gehen. Das Leben bietet uns ein Foto-Füllhorn. Das Geld liegt buchstäblich auf der Straße, nur aufheben müssen Sie es allerdings schon selbst.

Download Audioguide

Lassen Sie Ihr Ratgeber-Buch sprechen!

Lassen Sie Ihr Ratgeberbuch jetzt per Audioguide sprechen.

Ein Audioguide ist eine Art Hörbuch. Anders als bei Hörbüchern dient dieser Audioguide-Service jedoch nicht der Unterhaltung, sondern der reinen Informationsübermittlung, ähnlich wie das beispielsweise von akustischen Sprachführern in Museen bekannt ist.

Aus diesem Grund hören Sie in diesem Audioguide auch keine natürliche, sondern eine synthetische Stimme, die mit neuester hochentwickelter Sprachsynthese-Technologie realisiert wurde.

Anwendungstipps:

Sie können die Problemlösungs-Inhalte des Ratgeberbuchs anhören und dadurch viel Zeit sparen. Hören Sie diesen Audioguide zum Beispiel unterwegs, während der Autofahrt. Oder per Smartphone im Bus auf dem Weg zur Arbeit. Oder beim Arzt im Wartezimmer. Sie können auch anderen Tätigkeiten nachgehen, während Sie den Audioguide anhören, wie zum Beispiel Küchen- und Gartenarbeit. Oder einfach nur auf dem Sofa relaxen!

Zum Download kommen Sie über eine kurze Mail an joewi@mail.de. Ich sende Ihnen gerne den Link, wenn Sie mir ein Foto Ihres Kaufnachweises zumailen.